다시 그리움

박피득

사랑하는 아들 요한에게 보내는 그리움의 편지

그리운 널 생각하며…

이젠 그리움에게 말을 걸 수 있을 것 같다.
그리움은 마음에 그리는 그림이라는데,
수채화이면 그리움과 잘 어울릴 것 같다.
물에 섞인 물감이 도화지 위에 순하게
그리고 천천히 번져가는 수채화이면 그리움이다.
제 몸이 마를 때까지 끝까지 번져가는 애처로움.
그래서 그리움은 마음에 퍼지는 생각이다.
죽을 때까지 그리움은 생각으로 번져갈 테니…
색마다 자기 경계와 영역을 지키다가 허물어지기도 한다.
그리움은 과거에 머물던 일들을
오늘의 이름으로 소환하는 노동과 같다.
그리움은 그리운 사람에게 가서 머물다 거기서 마르고 굳는다.
롯의 아내는 세상에 미련을 버리지 못해 굳어버렸지만
그리움은 사랑 때문에 선 채로 굳어버린다.
그립던 두 손을 잡으면 마음으로 먼저 온기가 전해진다.
함부로 나섰던 몇 구비의 길을 돌아 낯선 담 너머
너를 그리워하면 너도 담 너머 나를 그리워하겠지.
마지막까지 내 몸에 남아 있을 피 한 방울.
너에게 마구잡이로 흘러가는 이 난감한 생.명.이.동.
이 그리움이 시가 되어 너에게 다가간다.
'시'(屍)가 '시'(詩)가 된다.

| 차례

다시 그리움으로 쓴다 8
안부 10
그립다 11
상처 12
봄이 왔다는데 13
나를 찾는 전화 14
알고 싶은 것 16
너도 그랬구나! 17
외투 한 벌 사랑 18
우물 19
경계선의 비극 20
급소 21
과거가 나를 앞서다. 22
상실과 눈물 23
흔적을 찾다 24
희망이라는 것 26
이상한 가을 29
손이 시리면 마음이 서럽다 30
눈이 만들어준 시선 32
진정 사랑했는가? 34
시간의 의미 36
널 기억하려면… 38
바람과 함께 살아간다. 40
옷장에 숨기 41
사막에 생기를… 42
'뒤처진 새' (쿤체) 43

왜 서둘러 떠났을까? 44
돌아보는 인생은 어떤가? 46
사랑이 떠난 자리 47
인생은 진흙이다. 48
가로등이 붉은 이유 50
빈자리 51
눈물이 몸에서 운다! 52
밤에… 53
호수에 묻고 허공에도 묻다. 54
묻고 싶고, 알고 싶다. 55
그리움을 그리워하는 방법 56
만남의 광장 57
비가 온다. 58
그리고, 그리움 60
그리움, 그리고 61
사랑이었구나! 62
기다림 64
꽃, 청춘 65
물이 되어 흐르라! 66
비는 비가 되지 않는다 68
그리움은 무얼까? 69
아무도 모를 가벼움 70
나를 떠나러 했던 거야! 71
죽음과 가까운 생명 72
그리움 1 73
노인으로 사는 것 74

질문하며 답을 찾기 77
소음(騷音, noise) 78
그리움은 바다에서 시작된다 79
봄 80
일생이란? 81
마라 ('고통', '쓰다') 82
살아온 삶은 사라지지 않는다 83
외로움 84
내일에게 묻다 86
풍천 장어 87
슬픈 소통 88
잊어서는 안 된다 90
스티그마 92
거울, 주마등 93
실종 94
그리움 2 95
너무 아픈 기억 하나 96
파테이 마토스 (πάθει μάθος) 97
부활 98
세월의 진실 99
서둘러 떠나다 100
사랑이 떠난 자리 101
죽음을 넘어 서서 102
울게 하소서!('헨델의 '리날도' 중에서) 104
비밀과 누설 105
것, 것, 것 106

사랑	107
이제, 지금	108
시를 쓰는 이유	110
삶은 늘 떠날 준비를 한다	111
너의 목소리가 들린다	112
다윗(사랑받는 자)과 압살롬(평화의 아버지)	114
떠나지 못해 머무는 곳	116
후기	117

다시 그리움으로 쓴다

2021년 11월 17일 아침,
그 겨울의 문턱이 서럽도록 나의 걸음을 붙잡아둘 줄 몰랐다.
아들 요한이가 뇌졸중으로 쓰러져
급히 병원으로 실려 갔다는 연락을 받았다.
나는 비가 오는지, 내가 우는지, 가슴이 아프다가, 엉뚱한
낙관이 떠오르다가를 반복하며 병원 응급실에 도착했다.
수술 할 수 없는 너무 위험한 곳에 많은 뇌출혈이 생겼다고…
지금도 응급실에서 보았던 아들의 모습을 생각하면
가슴이 죄여와 글을 쓸 수 없다.
그의 인생의 파국을 응시하면서 이 파국의 자리에서
불과 2시간 전에 '잘 다녀오겠다'던 고단한 인사가
무의식의 아들에게 어떤 물음을 던지고 있었다.
그리고 무너진 과거의 시간과 지금까지 씨름하고 있다.
젊고 건강했던 아들이어서 그 힘든 과정을
잘 이겨나가고 있어 보였다.
하나님의 손길이 함께 하신 시간이었다.
매일 아침 병실을 들어가는 가족들의 발걸음은
단 한 번도 가볍지 않았다.
간밤에 무슨 일이 생기지는 않았는지,
혼자서 그 힘든 시간과 어떻게 싸웠을지,
가족 모두는 처절한 투병을 함께 하고 있었다.

어떤 때는 가족들을 알아보고 혼자서 오래 눈물을 흘렸다.
조금씩 회복하던 중 2023년 2월 21일 재활병원으로 옮겨졌다.
재활병원에서의 시간은 조용히 흐르고 있었다.
휠체어도 주문했고 치료보다는 재활에 집중하는 곳이었다.
그러다 아들은 2023년 9월 16일 심장 박동수가 급격하게 빨라져
급히 응급실로 갔다가 중환자실로 다시 옮겨졌다.
도무지 정상 수치로 돌아오지 않았다.
2023년 9월 18일 새벽 아들은 잠을 자듯 조용히 떠났다.
1년 10개월 동안 생사를 오가는 투병을 했다.
부끄럽게도 나는 아들의 죽음도 모른 채 자고 있었다.
그의 죽음이 나의 죽음이 된 순간이었다.
아들을 떠맡으니 세상이 달라보였다.
새로운 나로 거듭났다.
꼼짝없이 나는 아들의 죽음에 연루되었고,
나를 그의 죽음에 철저하게 몰입하게 만든
'앙가주망'(engagement)이 되어버렸다.

안부

밤은 늘 조용하지만
너무 조용할 때가 있다.
그럴 땐 항상 조바심으로 잠을 쫓아낸다.
시간과의 싸움이 시작된다.
밤은 길지 않고 멀다.

세상은 어찌 이리도 숨을 죽이고
어두움의 눈치를 보고 있을까?
새벽은 비겁한 어두움의 추종자를 몰아내고자
별들을 모은다.

혁명의 시간.
누군가, 어디선가의 함성으로
우주는 무너지고
늘 이렇게 아침이 온다.
너에게 묻겠지,
"잘 잤니? 지난밤에 내가 널 얼마나
많이 생각했는지 알기는 하니?"

그립다

우린 살면서 참으로 많은 것들을 그리워하며 산다.
그리움은 실눈을 비비는 새벽과
불꽃으로 세상을 응시하는 정오,
그리고 적막하게 물든 노을빛과
어스름 달빛이 멈추지 않는 속삭임이다.
내 귓속엔 같은 날들이 끝없이 순환되어도
결코 만날 수 없는
어떤 순례자의 기나긴 이야기가 들린다.

시간을 따라 걸어가는
긴 여정에서
나는 너의 얼굴을 잠시라도
볼 수 있을까를 생각한다.
내게 말하지 않았던 어떤 비밀이라도
언젠가는 말해주기를 기대하면서…
이제는
지워도 지워지지 않는 그리움으로,
지워져도 다시 그려낼 수 있는 기억으로 남아있기를…

상처

세상에 상처 없는 생명이 있을까?
'창'이나 '문'도 벽의 상처라면
우리는 이 상처를 통해
세상을 보고 세상으로 나간다.

방에도 상처 난 선명한 못 자국들.
광야에 만들어진 '길'도 상처다.

훼손된 마음의 상처를 이끌고 편의점에 들렀다가
목적지로 향하는 검은 봉지 안에는 무엇이 있을까?
상처(trauma)는 누구든 파괴할 수 있는 위험한 존재다.
원망, 무시당함, 가난, 배신, 이별, 미움, 죽음이
가슴 깊이 박힌 못처럼 남아 과거의 기억들을 들춰낼 때
언제쯤 첫사랑의 설레임으로 돌아갈 수 있을까?
살을 헤집는 '아픔'과 새 살을 돋게 하는 '치유'.

못 자국들이 새 살로 메워지는 날,
이 땅에 남기고 가야 할 것이 무엇일까를 생각한다.

봄이 왔다는데

돌려받지 못할 사랑이라 더 귀하다.
죽는 날까지 널 더 사랑하기 위해
나는 살아가야 한다.
널 생각하며 날마다 봄꽃을 바라보는
설레임이면 좋겠다.

피상적이거나 표면적인 것도 지나치지 않으면서
깊은 내면의 새로운 너를 찾아보고 싶다.

표면은 단순히 껍데기가 아니다.
나는 너의 표정을 살피며
네가 이 시대를 어떻게 마주했는지 추측했다.

네가 살아본 너의 삶은 어땠는지?
이제는 말해줄 수 있지 않을까?
봄이 왔다는데…

나를 찾는 전화

잡음이 심한 낯선 소리가
낡은 전화선을 타고 들린다.

"거기 지구 맞습니까?"

아득한 거리감으로부터 들려온
낯익은 목소리를 상상해본다.
'혹 요한이가 날 찾는 전화일까?'
이런 얼토당토않은 무리한 '상상'을 하는
'부재와 상실의 슬픈 공간'에서 벗어나고 싶다.

종이로 기억의 성을 쌓고
그 안에 허무하게 무너지고
훼손된 과거를 복원하여야겠다.

떠나버린
애가 타고, 밝고, 불가능한
꿈을 찾고자 하는 것은…

너의 이름으로부터 결별하지 못하는 이유는
너의 부재를 여전히 체감하지 못하기 때문이다.

너의 옷에는 지금도 흙이 묻어 있다.
그래서 옷가지 하나도 세탁할 수 없다.

사진 속 너의 웃음이 존재하는 한
나는 너의 이름을 부르며 그리워할 수 있다.

'자비하신 야훼'의 이름말을 가진 '요한'
초월의 실재를 유한의 인간이 부를 수 없던 이름,
'야훼', '야훼'는 자비하시다.
존재하는 '있음'과 모든 것이 될 '있음'의 '야훼'는
모든 시제를 넘어 어느 시대, 어느 곳에나 현존하신다.
모든 곳에 편재하시는 현재이시다.
또 어디든 현존하시지만 부재, 있어도 없다.

너는 부재이지만 내게는 '외출 중'(外出中).

알고 싶은 것

아직 잔상(殘像)으로 남아있는
불과 어제인 듯한 오랜 '과거'는
무언가를 복기(復棋)하고
기억해 내기를 재촉한다.

시간의 이편에서
내가 너를
내 마음에 새기는 일은
내가 너에게로
깊이 들어가는 일이다.

모든 생각을 알 수 없지만
네가 고민하고 느꼈던
내게는 알아야만 하는
숙명(宿命) 같은 무엇이 있다.

너도 그랬구나!

병원에 다닐 때 즐겨 입던
검은색 겨울 외투가
옷장 깊숙이
넋이 나간 채
널브러져 있다.

갑자기
안쓰러워 주워들었는데
왜 이리 무거운 걸까?

눈물에 젖었더니
여태 마르지 않았나?
주머니마다 가득 찬
많은 두려움과 걱정으로
애가 타서 그랬을까?

너도 그랬구나!
너는 나를 벗고 떠난 거였어.

외투 한 벌 사랑

너는 나에게 따뜻한 한 벌 외투였다.
네가 있다면
지금 내가 겪는 추위쯤이야.
너의 외투를 기꺼이 벗어 감싸주었겠지.

나도 너에게 외투처럼 따뜻했는지?
혹시 나를 원망하며
추위에 떨고 있진 않았는지?

누구도 모를 너의 일생에 대해,
너의 슬픈 사랑처럼
아픈 기억을 이 아비는 알고 있다.

이제 우리는 서로에게 외투가 되는 거다.

내 가슴 깊이 파묻혀
곤하게 주무시는 이 누구신지?

우물

어릴 적 외할머니 집 시골 우물가는 여인들로 늘 북적였다.
물을 길으러 오는 아낙들은 우물에서 자기를 찾으려 한다.
그들이 길어 올린 것은 물이 아니다.
여인들이 마주한 현실은 우물처럼 그 속을 알 수 없는 답답함.
밑을 내려다볼 때마다 거울같이 비춰주는 적나라한 바로 자신들.
그들이 맞닥뜨린 어떤 현실의 위압을 느끼며
고단한 삶을 살던 큰 비애에 얼마나 가슴을 쥐었을까?
상승에 대한 열망이 있었을까?
두레박으로 퍼 올리려고 한 것은 무엇이었을까?
어둠 깊은 우물에 뛰어든 불안한 두레박이 뒤뚱거리며
외마디 아득한 공명(共鳴)을 남겨두고 올라온다.
수도 없이 내리고 올리다 지친 두레박 같은 여인네들은
해녀의 물질과 같은 남모를 어떤 서러운 갈증이 있어 보인다.
이 목마름에는 땅 밑까지 파고 내려가는 빈손의 한숨이 있다.
여인들의 두레박에 이내 희망과 기쁨을 가득 채우고
물지게의 중심을 잡는 그들의 걸음이 가볍다.

인생은 끝없이 낙하하는 두레박의 아픔과
상승하는 충만의 기쁨이 반복된다.

경계선의 비극

감옥과 같은 고독이 독방에 갇혀 있다.
아름답고 밝은 너의 미소가 살아있어
서먹한 인사를 나눈다.
너는 내가 반가운듯한데
나는 너를 쳐다보지 못한다.
낯선 혼란으로 너의 시선을 피하다가
엎드려 조용히 다리를 펴고 눕는다.
이 어색한 망설임은
허망한 시선을 이끌고 일어나
마침내 너에게로 향한다.

너의 그리움으로 날 찾아왔구나.
나는 나의 그리움으로만 널 만난다고 생각했는데…
이 아득한 그리움이 내게만 있다고 믿었다니…
이렇게 다르구나(differ).
너와의 조우(遭遇)를 기꺼이 받아들이지 못하고
난 도저히 용기가 없어 미루고 또 미루었다(defer).
왜 그런 걸까?
꿈에서도 그렇게 만나고 싶은 너였는데…
이 과도하게 억제된(deter) 어리석음이라니…
경계선의 비극이다.

급소

과녁은
자기 급소를 숨기지 않는다.
온몸으로
상대에게 보란 듯이
심장을 드러내고
운명의 화살을 기다린다.

결국은
급소를 파고들어 올
그 아찔한 숙명 같은 만남을 위해
죽는 그 찰나의 순간을
기다리는 슬픈 그리움이다.

과거가 나를 앞서다

잉카의 한 부족 '케추아'(Quechua)의 언어는
내가 경험한 과거만이 아는 것이라고 믿는다.
추억이나 기억으로 과거를 불러내면
눈앞의 현재로 볼 수 있다고 말이다.
나의 기억도 두 눈을 부릅뜬
지울 수 없는 과거로 존재한다.
케추아 사람들은 당연히 미래를 뒤에 놓는다.
저들은 과거, 현재, 그리고 미래를
시간의 틀에 묶지 않는다.

뒤에서 끌려오던 순한 시간들이
갑자기 미래와 합쳐져 현재를 지배한다.
누군가를 그리워하면 시간은 역행하여
모든 시간이 과거에 몰입한다.
시간은 흘러가지만
반드시 기억과 함께 되돌아온다.
이처럼 미래는 어딘가 재귀적(再歸的)이다.
내게로 돌아오는 기억은
현존하는 그림자일 뿐이다.

상실과 눈물

세상 모두가 속삭이는 그런 사랑이 아니라
내가 암송하는 애잔한 그리움의 시를 붙들고
너를 만나고 싶다.

언제부터 있어 왔던 과거와
언제부터인가 사라진 미래 사이의 깊은 골을
무엇부터 복구해야 할지,
그 상실의 범위를
그 상실의 기간을
짐작조차 할 수 없다.

홀로 함께였다가 함께 홀로였던
홀로 외로워했다가 함께 그리운 혼자의 시간.

함부로 눈물 흘리지 않을 날을 희망해야겠다.
눈물은 아무나 흘릴 수 있는 것이 아니기도 하니까.

흔적을 찾다

너는 어디로 갔을까?
그 어디에서 외롭지만은 않겠지만…
너의 흔적을 찾으러
주변 푸른 잎들을 모은다.

흙에서 살아남으려는 질긴 운명들이
서로 얽히고설킨 뿌리들을 보살피고 있다.
혼잣말로,
"너도 이렇게 살아있어야 하는데…"

머언 산을 본다.
산 뒤편의 하늘은 항상 허전하다.

외로운 하늘이
홀로 피를 쏟으며 용을 쓴다.
마지막 피 한 방울 떨어지는 순간,
아득한 하늘은 해를 놓치고
둥그런 빈자리만 남겼다.

산 뒤편으로 꼭꼭 숨어 버린
숨죽인 애도의 언어들.
너와의 사랑이 단절된 지금
죽음의 애도보다 더 절실하여
울음을 쏟아냈다.

"찾지 말아 달라!"는 외마디가
이제 희망이 되어
숨어 버린 어딘가에서 언 채로
겨울 메아리가 되어 있을 것이다.

제법 많은 겨울을 지나 겨울의 이력이 쌓인 나도
너의 흔적을 찾는 목격자들과 함께
이 추운 날에 커피를 끓이며
너의 겨울 메아리가 풀릴 봄을 기다린다.

아무리 생각해도
"너의 흔적은 왜 그리 당당한가?"

희망이라는 것

너의 죽음에 대해 쓰려는 것이 아니다.
너의 그림자라도 찾아다닌 많은 시간들로 인해
이런 세월에 익숙해져 있는 어제의 오늘.
네가 못다 한 말이 '무엇일까?' 궁금해졌다.

네가 아파하던 시간들이 나를 아프게 한다.
네가 못다 본 희망을 보고 싶다.
그리고 너의 '없는 희망'을 이루고 싶다.

세상은 본래 덧없고, 우스꽝스럽고, 무의미하고
우연한 것으로만 가득해서 어떤 의미조차 없는데도
사람들은 의미를 잃어버렸다고…
그래서 잃어버린 의미가 무엇인지
필사적이어야 만난다는 반가운 희망을 가지려 한다.

이렇게 언 채로 굳어진 나의 시간도
늘 쉼 없이 흐르던 시간이었다.
소리 없이 산 채로 흐르는 무브먼트(movement)들이
응고된 채 도저(到底)한 침묵은 숨죽여 흐른다.
나의 아픔을 낯설어하는 세상을 보며 다짐한다.

외롭지 않아야 한다.
그래야 슬프지 않다.
살아야 한다.

살아있지만 산 것이 아니라는,
더 이상 생명이 아니라는 의사와
살아있으니 산 것이라는 나는 늘 부딪쳤다.
의사는 나에게 의학적으로 설명하였고
나는 좋아지고 있다고 의사를 설득하였다.

생명의 정당성을 말했지만
어쩌면 진실과 거리가 멀어 보였는지도 모른다.

나와 연루된 의존성은 확신으로 강해졌지만
나의 의지와는 상관없다는 듯 무너졌다.
상황을 해결하는 것이 아니라 견디고 있어야 했다.

아들은 살아있어서 작별하지 않는다.
짙게 깔린 어둠 속 정적을 느끼던 병실,
네가 떠난 마지막 순간까지 나에게 온기를 전해주려던
뜨거운 의지를 느꼈다.

아들아, 내가 늘 너와 눈 맞추며
'넌 살아야 한다'고, '살아나야 한다'고 말했을 텐데…
네가 남기고 갈 가족의 아픔을 너는 더 힘들어했겠지.
상실을 경험한 사람은 잃어버린 것을 잊으려 하거나,
잊혀 질 수 없는 사실의 강박에서 자유로워지려 한다.
시간이 들고난 것처럼 휑한 창문들이 바람을 맞이한다.
오늘도 새로운 슬픔이 태어나고
노인처럼 모든 걸 쉽게 체념한다.
이 슬픔마저 무뎌지면
아픔은 그저 말라버린 눈곱이 될 것을…
파도에 밀려 해변 모래에 박힌 유리 조각처럼
오랜 시간을 닳고 닳아 나를 베지도 못하는
무뎌짐으로 남게 할 수는 없다.
널 많이 외롭게 한 내 탓이다.
마치 눈처럼 쌓인 아픈 시간과 추억들이
이제는 녹기를 기다리며
나는 이 외로움의 순간들을
헤어짐의 언어로
성실하게 매만지며 기억할 것이다.
없을 수 없는 없음의 아픔을 기억하면서…

이상한 가을

머리가 비었는지
가슴이 허전한지
이유 없이 눈물은 떨어지고
헛웃음에도 흩날리는 낙엽들.

너무나 익숙한 거리 간판, 가로등불이
갑자기 여행지의 난해한 거리 이름처럼,
외국어 간판들처럼 낯설다.

이상하다.
너무 이상하다.
지도와 셀 폰을 들고
안내소를 찾는 이방인.
묻고 또 묻고,
이 눈치, 저 눈치를 살피며
걷는다.
계속 걷는다.

끊어진 다리도 건너야 한다.
헛웃음에 무너진 돌 하나 줍는다.

손이 시리면 마음이 서럽다

차갑고 하얀 눈이 여기저기 내려앉는다.
쌓인 눈은 하얀빛을 이탈시키며 투명해진다.
눈은 사물을 반사하는 거울이 된다.
눈을 밟는 것은 얼음 구름 위에 서는 것이다.
눈이 녹아 땅은 허물거리고
그 위에 서서 질척거리는 낯선 사람.

눈은 흔적을 생산하는 '진실의 방'이라는데
얼마나 대단한 흔적을 세상에 남기려고
온갖 허울을 뒤집어쓰고 진실을 왜곡하며 살까?

눈을 만진 손이 시리다가 마음이 서러워진다.
서럽던 마음이 차가운 손을 포근히 감싼다.
차가움과 서러움은 살아있음의 진실 게이지(gauge).
진실에 가까워진 가벼운 진실.
세상은 온갖 기만으로 잘 짜여있어
차가운 거짓도 곧 진실이 되는 따스함이 있다.
그러자 곧 세상에는 서러운 평화가 온다.

꽃이 지는 모습에는
세상과 유리될 인간의 막다름이 있다.
죽음의 폭력성 앞에 마지막 긴 호흡을 내뱉는
여리고 슬픈 인간의 모습.
차갑게 식은 손으로 스스로 가면을 벗겨내고 진실의 낯을 본다.

어릴 적 방역차가 내뿜는 하얀 소독약이
구름처럼 피어오르면 동네는 축제가 벌어지고
모든 병에서 해방되었다는 복음과 같은 '호외(號外)'가 뿌려진다.
방역차가 떠나고 구름이 걷힌 동네는
원래의 모습으로 고요하다.

상실과 실종이 일어나는 세상.
누군가 사라져도 무관심한 이곳에서
나는 도대체 무엇을 해야 할까?
하얀 소독약 연기 속으로 다시 숨는다.
상실의 땅, 실종의 시대
여기가 낙원이고 '유토피아'다.
오늘 이곳에서 나는 속고 싶다.
나를 속여 주었으면 좋겠다.

눈이 만들어준 시선

너무도 큰일을 겪은 곳이지만
그 일이 일어난 현장을 떠날 수 없다.
범인의 심리처럼
다시 그곳을 찾는다.
거기는 시간도, 시선도, 배 한 척 정박한 항구.

나는 왜 스스로 통증을 매만지는 것일까?
네게 일어난 모든 일이
산란하다가 죽을 정도로 슬프게 되는 지경에
이르는 모든 걸 빠짐없이 지켜본 눈,
그 눈이 없었으면 보지 않아도 될 슬픔.
젖은 수건 같은 시간에 여윈 눈빛이 흔들렸다.
그렇게 참나무 그늘에 가을이 숨어들었다.

하나의 고통이
또 다른 고통을 들여다보고 있다.
이 시선은
언제나 몸의 신열과 함께 슬프다.

아름다운 것만을 응시하고픈 본능 속에도
광막한 아픔의 배후를 꿰뚫는 시선이
함께 존재한다.

늙고 닳아가는 인생이
삐걱거리는 낡은 의자에 앉아
느긋이
초월의 바깥을 유심히 바라보다가
내 안에서
물컹거리는 진흙의 본질을
애처로이 쓰다듬는다.

땅이 가진,
진흙으로 빚어진
피붓결 그대로를 느끼며…

새처럼 위로 날아가도
발자국 하나 없는 하늘이 푸르다.
겁 없는 탁류에도 하늘은 푸를까?

진정 사랑했는가?

나는 울어야 할 사람이다.
울어야 죽어가는 나를 살릴 수 있다.
내가 살아야 널 위해 울 수 있다.
울 수 있다는 것만으로,
나는 널 건져 살려야 할
운명적인 사람임을 입증할 수 있다.

너를 위해 운명처럼 울 수 있는 나는
내가 유일하다.

내면의 본질인 '운명'에 균열이 생겨
내가 해야만 하는,
할 수밖에 없는
이 굴레와 같은 너와의 필연적이고 운명적인 관계에
수많은 불가능한 요소들이 서로 뒤섞인 채
나는 이 무수한 불가능의 세계와 단절되어 있다.
삶과 죽음,
'생명의 필연'과 '불가능으로 귀결'.

이 두 골짜기를 메울 수 없는
심연의 인간 존재 밑바닥에 깔려 있는
기억의 레일 위로
적잖은 비감(悲感)이 상행선으로 서행하고
반항이 저항하고자 하는 현실은 하행선으로 내달린다.

언어의 집은 언제나 불편하다.
언어는 존재의 공포스러운 집이다.

나는 누구인가?
널 구하지 못한 아비다.
'아비는 무얼 해야 했는가?'
'진정으로 사랑했는가?'

사랑은
다른 모든 것을 대신할 수 있지만,
어떤 것도
사랑을 대신할 수는 없기에…

시간의 의미

오랜 기다림이었다.
간절한 바램뿐이었다.
그러나 기대하고 소망했던 것을 배반하는
전혀 다른 결과가 발생하였다.
나는 '잘못된 시간' 속에 갇혀 살았다.
얼마나 어긋난 시간이었는가?
이제 어떻게, 무엇으로 시작할 수 있을지?

너무나 평온한 질서 속에
살고 있다는 생각에 이르면
여전히 시간은 어긋난다.
시간은 존재를 지키주기도 하지만
몰수이 빼앗기도 한다.

존재의 평화를 깨는 파문의 소용돌이가
지경을 넓히며 어둠으로 번져
죽음이라는 낯선 자에게로 다가가면

사라지고 꺼질 듯한 지친 육체는
일정한 간격을 두고
시간 끌기를 한다.
이것도 잠시뿐,
그러나 내게는 너무도 길었던 순간들.

시간의 파편들이 어둠 속에서 '일순간'을 다툰다.
결국은 없어져 버릴,
이 불가능한 꿈에서 깨지 않기를…
나의 중심에는
'순간을 다투는 시간의 윤리'가 생겨났다.
나는 시간착오적인 생각에 몰두해 있었다.

예전엔
사랑의 이름으로 너를 부르면
너는
언제나 먼저 손을 들고 일어섰기에…

널 기억하려면…

누군가 '이 세상은 수증기에서조차
피 냄새가 나는 폐허'라고 했다.
폐허의 현실은 눈물이 메마른 건조한 세상.
눈물을 잃어버린 병(alacrima)이 도처에 퍼진다.
너의 부재,
없는 자리,
우는 자리,
소멸과 상실의 자리를 응시하다 늘 좌절한다.

소망의 빛이 너무 희미하여
한 평도 안 되는 암흑조차 걷어내지 못하는 불신앙.
그럼에도 이 어둠을 몰아내려면 글이라도 써야만 했다.
언젠가 네가 나를 읽을 때까지
나는 목소리를 감추기로 한다.
희망을 애써 붙잡으면서…
언젠가 다시 만날 어느 날.
희망을 버리지 않고 살아왔음이
얼마나 아름답고 자랑스러울까!

내 마음 밑바닥, 마침내 최종적인 바닥까지
소리 없이 가라앉아
수북하게 쌓여진 고요한 침묵.
같은 듯 다른 생각들이 혼란한 가슴까지 밀고 올라와
어떤 익명의 강박으로
함성이 되고 통곡이 된다.

'있음' 다음 '없음',
'상실' 곧 '없음',
너는 내 안에 '있음'이지만
이곳에는 더 이상 '없음'.
온전히 살아갈 수도,
오롯이 죽을 수도 없는 세계.
비루한 삶, 비참한 죽음만 있는 세상을 살았구나.
'내'가 '너의 마음'이 되고
'너의 마음'이 '내'가 되는 이 치환(置換)에는
'안'과 '밖'이 아닌
'환대'로 껴안아야 할
충만한 공간만 있으니.

바람과 함께 살아간다.

인간에게는
'없음', '사라짐'이라는 형벌이 있다.
아담의 죄로 인해
인간은 언젠가는 '없어질 존재'가 되었다.

누구나 예외 없이
소멸에 이를 수밖에 없는
이 서글프고 평범한 현실을 종종 잊고서
세상과 인간에게 미치도록 저항하며 산다.

소멸은 두려움도 없이 상향등을 켜대고
모퉁이를 급하게 꺾어 돌진해 나간다.
인간 존재는 죽음에 잠식되어 가면서도
또한 죽음을 향해 늘 구애 하며
바람처럼 살려고 하루하루를 연장한다.

함부로 불지 않는 바람과 함께 살아갈
직립(直立)의 뼈들이
수평(水平)으로 누워있는
이 낯선 풍경(風景)으로 내게로 오다니…

옷장에 숨기

옷장에 걸어 둔 너의 외투가
슬며시 걸어 나와 말을 건다.
외투를 감추듯 들고
다시 옷장으로 급히 들어가
비밀스런 이야기들을 듣는다.

큰 단추에 막힌 비밀이 하나 새어나온다.
꼭꼭 숨어 머리카락 하나도 보이지 않게
비밀을 비밀인 채로 옷장을 열지 않기로 했다.

사랑을 잃은 외투는 첫 번째 겨울을 홀로 서러워했을 것이다.
옷장은 결락(缺落)과 고립의 원인이면서도
조용히 너를 응시하고 그리워할 때
다시 이름이 될 수 없는 네가
너의 이름으로 불리는 곳.
커피 한 잔을 비우기 전 먼저 식어버리는 곳.
은밀하고 사적인 회상을 불러일으키는 이곳은
너와 다시 사는 기억의 출발점이다.
사랑으로 출발하여
끝끝내 다다를 곳도 사랑임을 확인하면서…

사막에 생기를…

'어린 왕자'는
사막은 오아시스를 어딘가에 감추고 있어 아름답다고 했다.

버려진 땅(desertum), '사막'.
인생은 허구로 가득한 허상의 세상에서 우물을 찾는다.

사막의 시간은 너에게 더 이상 의미가 없다.
내게만 사막이 된 시간이 존재할 뿐…
너에게는 새 에덴의 푸른 세계가 열렸지만
나의 시간은 점점 사막이 되어가고 있다.

너에게 이 세상 풍경들은 살아있는 척 한다고…
그래도 우리는 사막 같은 세상에 나무를 심는다.
죽은 생명이 살아나기를 바라면서…
모래바람이 부는 고통의 시간이 지나면
곧 모래언덕이
푸른 숲이 될 그날을 기다리면서…

'뒤처진 새' (쿤체)

추억이 시비를 걸고
그리움이 수작을 부려도
뜨거워진 짝사랑의 온도는 식을 줄 모른다.
더 이상 이루어지지 않을 사랑으로 알고
출구를 찾는 허망한 눈.

'뒤처진 새'와 같은 나는
언제나 한발 늦은 고백을 한다.
상황과 동떨어지게 뒤통수를 치고 응대하면서…

왜
이제 와서
혼자서
속으로
기도하듯 조용히 그리워하냐고?
벌써 항구 떠난 배는 깊어져 가는 바다 밑으로
나를 향한 모든 그리움을 감추려 할 텐데.
또 늦었구나.
고맙게도 쿤체가 힘을 보태준다.

왜 서둘러 떠났을까?

뭐가 그리 급해 서둘러 떠나갔을까?
너의 웃음이었을지, 눈물이었을지 모를
마지막 인사도 서로 나누지 못하고…
고마움이었을지, 아쉬움이었을지 모를
너의 마지막 시선은 누구에게 멈추었을까?

혼자서 짐처럼 끌고 다니다 지쳐
커져 버린 눈사람과 먼저 이별했겠지.
너는 곧 두고 갈 것들만 채근하며
그렇게 급히 서둘렀느냐?

이제 뜨겁던 열기가 식고 해가 기울자
노을의 잔치가 끝나기를 눈치 보던 저녁은
밥상보로 식탁을 덮어놓았다.
사람들은 떠나갈 오늘과 작별하며
위로받지 못한 작은 슬픔과도 눈물로 포옹한다.

그래서 밤은 외롭다.
어둠은 모두가 숨고 싶은 곳이 되고
혼자서도 여럿과 소통할 수 있는 사연이 되고
누군가의 노래가 된다.

오래전 수많은 인파 속에서
엄마의 손을 놓친 꿈을 여러 번 꾸었다.
지금도 그 아찔한 생각이
종종 나를 괴롭힐 때가 있다.
나의 존재가 사라져가는 공포스러운 기억.
요사이
몹쓸 생각에 힘들다.

이제
아들이 내 손을 놓쳤다.
어처구니없던 꿈이
내게로 환치(換置)되었다.
아비의 잘못 때문에…

돌아보는 인생은 어떤가?

살아온 삶을 되돌아보면
내 삶이 그리울까?

어떤 놈을 삼켰는지
뱀의 긴 몸뚱이는
부풀었다 꺼지기를 거듭하며
앞으로 나아간다.

물집 같은 인생.
부풀었다가 꺼지는…

한껏 부풀어 오른
이 아픔도
조금씩 꺼져가겠지.

사랑이 떠난 자리

'사랑은 뺏기거나 차지하거나 모두의 것'이다.
사랑이 떠나간 빈자리 역시 나만의 것은 아니다.
이는 '너'의 아픔이자 '우리 모두'의 아픔이다.

아무도 울지 않는 곳,
호들갑의 세상은 무섭고 냉정하다.
뭔가 알 수 없는 확신과 같은 절망이
이 세상에 계속 살아남아 '서로의 마음을 다치게' 한다.
망망대해에 초라한 돛단배로 살아갈 때
사랑은 횃불을 들지 않고 등대가 되어 준다.
자발적 아픔이
출구 하나 없는 곳에 고정된 등대를 만날 때
등대는 바다의 심성으로 땅에서의 아픔을 품는다.
다시 사랑이 시작되어야 하기에…

삶은 죽음에 직면한 인간의 대응방식이다.
사랑도 절망에 직면한 인간의 생존방식이다.
우리가 다시 손잡아야 할 이유는
누구와도 외로움에 흔들리지 않기 위함이다.
누군가의 지치고 무거운 발자국 소리가 내게 다가올 때
비로소 우리는 다시 걷게 될 것이다.

인생은 진흙이다.

어릴 적 진흙을 가지고 놀던 추억이 있다.
촉감으로 느끼는 부드러움이 좋았고
내가 원하는 것을 쉽게 만들 수 있어 신기했다.
그러다 얼마의 시간이 지나면 굳어지는 게
사람의 육체를 꼭 닮았다.
그럴 수밖에.
하나님이 쓰신 재료였으니…

진흙의 매력은 촉감으로 느끼는 쾌감에 있다.
육체는 쾌감을 통해 삶의 동력을 얻기도 하지만
곧 삶을 배반하는 부서질 질그릇이다.
평지에 도드라져 솟은 수많은 점을 지나온 인생은
만지고 더듬어 많은 점들을 선으로 읽어온 점자였다.

나갈 수는 있어도 다시 들어올 수 없는 문을 가진…
진흙은 생성과 소멸이라는
피할 수 없는 운명을 지닌 시한폭탄.
인간은 슬프지 않고 두렵다.

캐나다 초가을의 숲속 나무들이 한순간에 빈 몸이 된다.
둥지를 찾지 못한 어린 새들은
슬픈 날갯짓으로 허공을 맴돈다.

거리의 가로등이 켜지면
맹수의 그림자가 어두운 도심을 활보한다.
욥을 비난하던 자들이 이빨을 드러낸다.
아찔한 냉기, 익숙한 한기(寒氣)쯤으로 느낀다.
돌처럼 식어가는 아들의 슬픈 체온이
다시 돌아오지 않을 주인을 기다린다.
'아빠, 난 괜찮아!'
'이 녀석아, 하루만이라도 더 살아주질 그랬니?'

구리 선을 감싼 검은색 피복에서 경직된 애도가 흐르고
정장 안 검은 향수가 건네는 품위 있는 위로가 격이 있다.
검은 우산 안에서만 울기로 약속했는데
세상 모를 모든 슬픔이 이미 집결해 있었다.
산 자들은 스스로
살아야 한다는 욕망을 굳건히 다짐하며
밤의 적막을 헤치고 깊이 잠든 호수 속으로 사라진다.

가로등이 붉은 이유

고통에도 색이 있을까?
그리움의 색은 무엇일까?

너무 아프다가
너무 그리워하면
눈물은 모든 수분이 마를 때까지 흐른다.
피만으로 빨개지는 눈.

창문을 열면
외로움인지 그리움인지
노을도 아닌,
레드 컬러도 아닌
블러드 문.
붉은 구름들이 겹겹이 쌓이자,
마지막 불꽃이 탄다.

알 수 없는 고통의 색이 방 안을 채우고
이내 왔던 길로 되돌아가 붉은 가로등이 된다.
골목마다 한 뼘씩 번져가며 거리는 핏빛이 된다.

그 빨개진 눈으로 밤새 날 지켜보겠구나.

빈자리

너의 손은
언제나 온기가 있었다.

오랜만에
너의 따스하고 매끄러운 긴 손가락을
인사하듯 꼬옥 잡는다.

왜 그런지 아득한 만남처럼 서먹하다.
반가움은 어느새 침묵으로 바라보다 눈물이 된다.
이 눈물마저도 너의 것인데
내가 울고 있구나!

2023년, 땅을 파고 가슴에 비워둔 자리.
깊은 낭떠러지.
외로운 어두움 속에서 너를 지켜줄 자 누군가?

'너는 언제부터 여기에 없었던 거니?'

눈물이 몸에서 운다!

숲속 나무들이 그림자를 길게 밀어내자
어둑어둑해진 어둠이 술렁인다.
피아니스트는 누르지 않은
다른 건반의 침묵을 들으며 연주할 수 있을까?

우리는 서로 무슨 말을 많이 했을까?
너는 듣기만 했고,
나는 들으려 했다.
'무엇을 말할 것인가' 보다
'무엇을 말하지 말 것인가'를 고민하면서…

음악 같은 비가 오는 날,
그림 같은 눈이 내리는 날,
네 가슴에서 흐르는 눈물을 보았다.
내게도 같은 온도의 눈물이 흘렀다.

방황하던 네 눈물이 내 혈관을 타고 온몸을 돌아
나를 뜨겁게 하다가 아무 데라도 앉아 쉬어 가면 좋겠다!
점점 뜨거워질 운명인데…

밤에…

너는 폐쇄되고 고립된 어느 외딴 섬에 있었다.
홀로 긴 밤을 버티며 어둠과 익숙해지기까지
셀 수도 없는 많은 시간들.
온몸을 허우적 뒤틀린 몸짓으로
나를 부르며 찾고 있었겠지.
내 영혼의 살갗에
이 청천벽력 같은 소리가 닿으면
나는 맥없이 쓰러졌다.

병실의 적막함에
내 머리는 곧 얼음 냉기로 차가워져
내 눈은 감지 못해 뜬눈으로 지새우고,
네 눈은 뜨지 못해 밤새 눈물을 흘려보냈다.

너의 무의식에서도
밤은 외로웠고 길게 느껴졌겠지.
무의식과 의식의 강을
수시로 건널 때
너에게는
어떤 세계가 더 평화롭더냐?

호수에 묻고 허공에도 묻다.

호수는 수평으로 자기 삶을 확장한다.
그 수평의 기준으로
수면 위는 '높이'고
수면 아래는 '깊이'다.
호수가 잔물결을 일으키면
우리는 '높이'에서 '깊이'로 시선을 바꾼다.

물속은 울어도 들키지 않는 안전한 곳이다.
거기선 누구도 슬퍼도 슬프다고 말하지 않는다.

새가 훌쩍 떠나며 남긴
가지의 작은 떨림이 내게로 전해진다.
세상은 허공이어서 어떤 작은 변화에도
무언가로 채워졌다가 사라진다.

허공에는 내 가슴에 새긴 수많은 이름들이 있다.
허공을 향해 너의 이름을 부르면
잔잔한 바람이 일고
강물과 긴 풀들이 스스로 눕는다.

묻고 싶고, 알고 싶다.

비명을 지를 수밖에 없었다.
대부분은 감추기도 하지만
죄책감으로 침묵하였다.
죽음은 인간이 가진 수많은 약점을 뚫고
쉽게 몸집을 키워 가해자가 되었다.
유령 같은 홀로코스트가 기념관에만 있지 않다.
평범한 죽음도 두려운데 온갖 죽음의 폭력성이 판친다.
이 쓸쓸한 노년의 삶에 아슬하게 도달한 것도 감사하다.

'조금씩 잃어가는 시간들'을 지켜보면
젊음의 육체와 노년의 몸이
내 안에서 자주 화해를 한다.
그때마다 회복되는 삶을 보면 기쁘다.

과거로 거슬러 역사의 깊이를 들추다가
지금 막 쓰여질 시작의 첫 페이지를 두렵게 응시한다.
'응시한다는 것'은 '질문한다는 것'이라는데
너를 보면 네게 묻고 싶은 말이 너무 많아진다.

그리움을 그리워하는 방법

사람을
그리워하는 일은
홀로
먼 하늘을 바라보는
외로움이다.

그저
온종일
제 그림자만
내려다보는 나무처럼.

만남의 광장

너의 부재를 지켜보는 일은
슬픔을 극복하는 일보다 더 절망적이다.
그러나 언젠가 너와의 재회를 위해
어떤 자세로 널 기다려야 할는지를 생각한다.

수직이 아닌 수평의 세계로 가면
그 곳은
언제나 막혀 있거나 닫혀 있다.
여기서 산다는 것은
치열한 삶이 수평으로만 달려가는 속도에 맞추어
견디며 버텨내는 것이다.

초월적 세계를 무시하면
모든 것은 붕괴된다.
수직의 드높은 세계는
우리 '만남의 광장'이다.

비가 온다

하늘의 빗줄기가
수억 개의 직선으로 낙하하다
마지막 하나의 물방울로 남는 순간
그리움이 된다.
이별 이전으로 회귀하려는
연어들의 애절한 몸부림 같은 그리움.
사랑하고, 네가 있기에 거슬러 올라와
너를 만나 눈부신 산란을 하고
애당초 네가 떠나려던 그 자리에 서서
'이제 죽어도 좋다.'

마지막 물방울 하나로도
시내를 넘치게 할 수 있는
무서운 범람 앞에 서서
언젠가 그리움 하나만으로
네 마음에 찾아갈
또 하나의 물방울은
너의 마음에서 씨가 되어 자라기를…

누가 알겠는가?
수억 개의 생각으로
구름과 구름을 다리로 이어
빛으로 강을 건너
마침내 그리울 이 땅의 산하에 다다른다.
너에게 하나의 물방울로 찾아가
시내가 되어 같이 흐를 날이 올런지…
또 하나의 물방울로 너의 뿌리에 닿아
혈관을 타고 네 심장까지 다다를 날이 올런지…

소나기같이 옷만 적시려나…
가랑비같이 마음까지 오시려나…

마음이 젖어도, 쓸쓸해도
살아있음으로 감격이다.

죽은 자는 비에 젖지 않기에…

그리고, 그리움

그리움이
마음 한 켠 틈새로
새고 있다.

마음 한 켠에서 새는 틈을
죽을 힘을 다해
막으려 허둥대는 그리움의 졸개들.

누군가가 그립다면
마음 한 둑이 무너진 것이다.

삶과 죽음의 둑이 무너져
두 세계에서 사는 우리가
만났다 헤어지고
스며들다 번져가고
끌다 밀치고
당기다 풀어주며
이렇게 살다 죽는 거다.

그리움, 그리고

그리움은 옛날 극장 풍경과 비슷하다.
드르륵 영사기 소리가 급히 어둠을 몰아내면
여기저기서 문을 열고 입장하는 소음들.
혼돈의 순간 극장 안으로 빛이 새어든다.
소리와 소음이 빛을 만드는 넌센스.
의식(意識)은 날로 퇴화되어 촉각으로 사는 법을 배운다.
촉각의 쾌감은 몸뚱어리와 영혼에 빛을 선사한다.
이 빛이 좋아 혼자 밝은 하늘을 보는 것이 좋아졌다.
매일 다른 하늘을 보며 널 떠 올린다.
네가 잘 지내는지 하늘이 맑았고
네가 아픈지 하늘이 찌푸렸다.
네게 무슨 일이라도 있는지 구름이 연기처럼 끓다가
네가 슬픈지 비가 왔다.
커피 향이 그리움을 매만지면 꽃이 되고
꽃이 비가 되어 향기가 된다.
한 잔 가득 찼던 노래가 비워질 때
네가 더 간절히 보고 싶어진다!
죽은 자는 비에 젖지 않는다니….

사랑이었구나!

저녁이 온다.
하루만을 살기로 한 사람에게는
고정된 두려운 시간이다.
더는 움직이고 싶지 않은 고단한 종말처럼…

시간은 우리를 죽음의 낭떠러지로 조금씩 밀친다.
저녁이 오면
우리의 종착지가 멀지 않았음을
당연하게 받아들이다가 놀란다.

이 시간은
지난 이야기와 만나야 할 난처한 시간.
또 밤은
사랑을 찾는 구애의 시간이 된다.

빛이 쏟아지는 정오는
누군가에게 창조의 시간일지라도
저녁이 되어야 날개를 펴는 부엉이처럼
낮의 사연들이 지나고 석양이 되어서야
비로소 성찰의 날개를 펴고 새 지평을 연다.

저녁 하늘을 보는 일은
살아온 인생을 보고 또 보는 것이다.

무엇을 태워야
이렇게
아름답고, 밝고, 붉은 노을이 되는 걸까?

깨어진 항아리같이
아무것도 채울 수 없는 지금.
다시 밤에게 구애를 한다.
옅은 잠결에 슬그머니 들어온 어둑한 달빛.
발에서 머리까지 기름에 젖지 않고서
어찌 횃불이 되려고 하는가?

"너는 나의 그리움, 사랑이구나."
사랑은 흉터처럼 남아 있는
아픈 흔적일지라도
하루에 한 번뿐인 노을처럼 빛나야 한다.

기다림

어디서
너를 기다릴까를
오래 생각했는데
이제,
어디에서
너를 기다려도
네가
온다는 것을 알았다.

꽃, 청춘

꽃처럼 청춘도
세월에 쉽게 굴복할까?
영원하지 않고
잠시 꽃인 인생.

꽃은 무덤이 없다.
나무도 바람도
무덤이 없다.

그러나
꽃은 누군가의 마음에
영원한 향기로
기억되어 살아갈 뿐이다.

물이 되어 흐르라!

그리움은
어떤 형체도 거부한다.
그래서 그리움을 물이라 하는가?

네가 그리울 때
절반은 꿈에서 만나고
절반은 깨어서 그리워한다.

나는 물고기처럼
살아 펄펄 뛰는데
너는 언제쯤
물이 되어 줄 건지…

강물이 되어
내게로 오는 그날
새들은 강물 위를 떠돌며 하늘을 떠나지 않고
함께 먼 바다까지 강물의 벗이 되어 주겠지.

올해 봄은 게으르게
봄 개울(春川)로 흘러들어왔다.
산천의 색을 바꾸고
언 땅과 개울을 녹이느라 늦은 거란다.
힘찬 소리, 숨찬 파장은
묶인 밧줄을 풀고
이제 마음껏 어디론가 흘러가겠지.

소리도 지문(指紋)이 있어
너의 음성에는 나만 알 수 있는 파장이 있다.
모래와 진흙, 크고 작은 돌들을 만나도 씩씩하게 흘러
마찰이 상처가 되고, 이야기가 되고, 노래가 되었다가
밤에는 어둠 속에서 소리 없이 우는 무성영화.

아직 남아있는 너의 이야기를 퍼 올리면
두레박처럼 뒤뚱거리다
절반은 사라질 두레박의 운명이 슬프다.
신비한 울림이 귀에 첨벙 거린다.

비는 비가 되지 않는다

교회 지붕을 때리는 새벽 비가 경건하다.
무거운 비에도 요란하지 않고 템포는 서툴다.
이렇게 경쾌하게 두들기는 새벽 빗소리가 좋다.

비가 오면 네가 더 그리웠는데
이젠 네가 그리우면 비가 온다.
그리움은 무지개를 그리다 하나의 색이 된다.

비가 이 땅에 생명을 선사하면
고립, 폐쇄, 단절의 진흙 벽들이 풀어져 내린다.
생태계가 화답하며 생명들은 아래에서 위를 향한다.
그래서 오늘 새벽 비는 찬양이 되었다.

비구름은 아낌없이 자신을 쏟고
꽃에 맺힌 물방울까지 모아 밑 모를 곳까지 이른다.
땅 한번 적시지 못하고 죽는다면
그 사랑은 그 얼마나 쓸쓸한 것일까?
회색 하늘에서 더는 울음이 되지 마라.

그리움은 무얼까?

이름이 하나여도
그리움은 천 개나 된다는데…

강은 깊어
속을 알 수 없고

그리움은 멀고 먼
어릴 적 개구쟁이다.

오래오래
그리워했다.
너무 간절함은
그리움이 되지 않는다는 것을
알기까지 힘들어했다.

이름은 하나여서
그리움이다.

아무도 모를 가벼움

땅에서는 누구나 살 수 있다.
아들 없는 아버지도,

누군가 놀다 간 어둑한 공원 빈 테이블에는
사람들이 머물다 간 빈 그림자가 먼저 식어 간다.
마주보며 나누던 다정한 시선은 아직 온기로 남아있다.
노을로 사라져 갈 이 땅에서의 오늘 마지막.
하루의 스위치를 내리면 어둠의 골목은 분주하다.
네가 남긴 미완의 오늘이 무겁게 나를 재촉한다.

생명을 단숨에 잘라 덜렁 그루터기만 남기던
그 냉정한 쇳소리, 휘둘리는 톱날의 마찰음.
몸통이 뒤틀리고 휘어진 톱은 비브라토로 떨다가
온몸이 몸살로 땀범벅이 된다.
낮고 편안한 소리를 잘 내지 못하는 날선 톱날은
사랑의 밀어와 마지막 눈빛마저 두 동강을 내었다.

모든 선한 것은 가볍다.(니체)
무거운 짐을 질수록 가벼워지는 가벼움은
얼마나 무거운 건가?
자유로운 새가 되어 날려면
내 짐이 얼마나 무거워야 하는 건가?

나를 떠나려 했던 거야!

어김없는 너의 그림자다.
아무 일 없다는 듯 천연덕스럽게
내 식탁 앞에 앉아 주변을 둘러본다.
뒤에서는 팝콘들이 티격태격 싸우는데도
너는 평안해 보인다.

내부에서는 모든 에너지와 진동들이
부조리한 세계로부터 속박된 그 무엇들을 다 끌어 모아
뭉치고 뭉쳐서 괴랄한 힘을 만든다.
온갖 에너지들이 모여 폭탄처럼 낙하한다.
허물고 말겠다는 불편한 의지를 가지고
회오(悔悟)의 삶으로 지탱하던 내게로 떨어진다.
'데드 마스크'가 깨어지는 순간
신체의 표면에 은폐되어 있던 껍질이 깨어지고
달과 해가 밖으로 쏟아져 나왔다.

내가 죽는 순간까지
너는 내게서 빠져나갈 수 없다고 믿었는데…
속박에서 벗어나려는 너의 의지는 너무 무모했다.
나를 피해 달아난 너의 탈출구를 바라볼 뿐.
어찌 낮과 밤이 한 곳에 있었는지?

죽음과 가까운 생명

지금은 대체 어떤 세상인가?
불쑥 나타난 바이러스로 멀쩡한 사람들이 죽어가고
잘 아는 질병에도 믿던 도끼에 찍혀 죽어간다.
한 번의 삭제로 자기 인생 파일이 날아가는
살아도 죽은 죽음.
이상 기후로 인해 생명들이 죽어가고,
다른 편에서는 허술한 안전망으로 인해
순간적으로 수백, 수천에 달하는 죽음(들)이 보도된다.

아! 일상적이고 상시적으로 일어나는 죽음(들).
그러한 죽음에 대한 애도를 빠르게 종결하고,
없던 일로 복귀를 명령하는 살벌한 세상.
누군가를 살리려 하지만
또한 '죽어가도록 방치하기도 하는'
죽으면 몇 송이의 꽃만 남겨둔 채
모든 흔적을 신속하게
없던 일로 지우는 깨끗한 세상.

그리움 1

그리움은 늘 줄거리 없이 뒤죽박죽이다.
그래서 그립지 않은 것이 없다.

그리움은 '어제'와 '오늘'이 연결되어
끝이 없는 생각의 놀이터이다.
무얼 보고 들어도
거기에 항상 네가 있어야 그리움이다.

나는 너와 함께 살면서 체득된 무한의 반복들이
내게서 지워져 갈까 심히 두렵다.
지워진 기억들을 되살리려면
그리움만으로 되겠느냐?

비탄(悲嘆)의 사슬을 끊고
이 극단(極端)의 현실에서
돌 하나라도 들어
심연의 공허함을 메우는 간절함으로
너에게 닿을 돌다리를 만든다.

노인으로 사는 것

살아있는 자와 말이 안 통하는 요사이 습관적으로 멍 때린다.
익숙하게 익숙한 컴퓨터를 켠다.
있지도 않은 문장은 허공에 떠돌다 비어둔 모니터 화면으로
내려와 하얗게 어른거린다. "브레인 포그"(Brain Fog).
쓰지 않은 단어와 부호는 문장에서 흐릿한 혼란을 일으키고
노인의 아픈 고독과 반복되는 무질서에 어지러워하고 있다.
노인의 손가락은 낯선 이방인의 키보드에서 서성인다.
이쪽저쪽 손가락은 망설이기를 반복하다 문장을 잃어버리고
세련된 단어를 고르다 우울증에 빠져 울고 있다.
나이테와 같은 주름살이 돌처럼 굳어 어딜 가든 파문을 만든다.
그래서 노인은 늘 쓸쓸하다.
있지 않은 사람의 죽음에 몰입되어 죽음이 자기의 것이 되는
부재와 현존, 과거와 내일 사이를 비집고 끼어들어 온 잔소리꾼.
이제 노인으로 산다는 것.
노인의 빛바랜 추억과 늙어버린 불구의 기억이 얼룩같이 지워지지
않아서 후회와 참회로만 써 내려간다.
노래를 들을 때도 노인의 마음으로.
노인의 입속에 녹이다 만 박하사탕이 하얗게 홀로 외롭고…
노인은 뼈마디 하나둘은 항상 쑤시듯 아프고…
노인은 모르는 것도 아는 척 자기자랑만 늘어놓다가
사랑도 잃고, 친구도 떠나고, 이젠 진짜 혼자다.

노인은 노인의 심정으로 아무에게나 친근한 척하며
조용히 다가가 오랜 친구 만난 듯 반갑게 인사한다. "안녕!"
노인은 자주 뻘쭘하게 쭈뼛쭈뼛하다 쉬이 포기하고
계면쩍게 돌아간다.
노인의 마음에 사계절은 없고 흔하디흔한 가을뿐이다.
말없이 잎사귀들만 노인의 발등에 떨어진다.
잎사귀는 혼자가 되는 순간 한곳에 머물지 않는다.
노인의 마음으로 옛 거리를 걸으면 알 듯 말 듯한 문장이
앞서더니 내 그림자를 끌고 간다. 아니 저절로 끌려간다.
그리움은 고분에서 뼈들을 살뜰히 발굴하고
퍼즐을 맞추는 노력이다.
앞서다 돌아보며 억지 눈을 맞추는
청년의 어색한 웃음이 반가운데,
하늘을 보면 어떤 청년의 웃음도 눈물이 된다.
혼밥을 하다 목이 메여도 이것도 자신의 삶이고 특권이라고…
그리움이 뜨거워지면 있지도 않은 사람이
있지도 않은 문장으로 인사 비슷한 인사를 건넨다.
"잘 지내시죠!"
바람이 휑하더니 구름이 흔들려 어지럽고…
나무는 젖은 잎을 쏟아내고…
비는 다시 건조한 하늘을 적시고…

있지도 않은 사람이
더 간절하고…
더 보고싶고…
더 더 더…
거리에 서면 다시 만나게 되는 사람들 곁으로
노인의 마음이 스친다.
'멀리 떠남'은 삶의 과정이면서 죽음의 과정인데
이 둘이 만날 때까지 권태롭지 않기를 노인은 기도한다.
의미를 상실한 권태는 내 사랑이 아니다.
상실한 의미는 드러나지 않으니 알 수 없다.

질문하며 답을 찾기

비가 와도 목이 마른가?
비가 오지 않아 목이 타는가?
무엇이 더 절망적일까?

꽃이 피어도 그립던가?
꽃이 져서 그립던가?
무엇이 더 그리운 건가?

살아갈 날들이 두려운가?
죽음이 두려운가?
무엇이 더 두려운가?

소음(騷音, noise)

음악에서 지나친 '불협화음'은 '소음'이다.
이런 '소음'이 쉰베르크(A. Schoenberg)로부터
당당한 음표가 되었다.
이후 '소음'은 음악의 변방에 자리 잡았다.
심지어 존 케이지는 '4분 33초의 침묵'이
음악이 될 수 있다고 믿었다.

'소음'도 '침묵'도 음악이 될 수 있다는 것이
포스트모더니즘이 일상인 오늘엔 놀랍지 않다.
기존 음악에서 '노이즈'는 제거의 대상이었지만
새 음악의 장르로 활용되는 창조적 새 지평을 만들었다.

LA 산불로 쉰베르크의 악보 10만 점이 소실됐단다.
프레임에 갇힌 미술품은 타버리면 그만이지만,
악보는 연주자의 기억에 의해 새 영감의 생명과
새 가치로 재탄생할 수 있다.

내 인생의 악보에 소음이었던 역경과 고통이
불협화음이 아닌 모든 음과 사이좋게 어울리는
하나님의 아름다운 작품이기를 기도한다.

그리움은 바다에서 시작된다

바다는 쉼 없이 파도를 만들고
바람은 파도로 스크럼을 짜서
수평의 어깨로 해변에 이른다.

그리움은 바다 같은 그리움을 만들고
그리움은 바람으로 그리움의 끝으로 끌고 간다.

그리움은 다시 그리움으로 태어나
바다 끝,
육지 끝에서
그리움으로 만난다.

망막에 앉아 거드름을 피우는 기억들이
환각처럼 피멍 든 망막 속에서 눈이 되어 내린다.

그리움은 그리움으로 연결되어
'어디서부터의 시작'이
'어딘가의 끝'을 향해 돌진하지만
그 끝에서 다시 시작되는 무한의 반복.
어찌 멈출 수 있겠는가?

봄

하늘이 흐리고
바람은 차지만
봄에 대한 확신에는 변함이 없다.

가을 황량한 광야의 흐린 하늘을 보면서
골똘히 밤을 새웠고,
겨울 눈 덮인 거리에서는
언 채로 널 그리워했다.

이 봄은
또,
얼마나 네가 그리울까?
저만치에서 이만치 오는 봄처럼
너도 내게로 빨리 오라!

아직 언 땅으로 굳어있는 나를
봄의 기운으로 웃게 해다오!

일생이란?

한 사람의 일생은
죽음에 이르면 단순해진다.
괄호로 시작된 시간이
또 다른 괄호 앞에서 닫힌다.
'쾅'
시간이 멈춘다.
에포케(εποχη´, epoque).

비로소
시간이 하나의 존재를 묶는 사건이 된다.
한 사람의 일생은 괄호로 열고 닫으면서
몇 개의 숫자로 패스워드를 만든다.
(1988.11.14. - 2023.9.18.)

한 인생에 대한
사람의 모든 판단은 멈추어야 한다.

이제 그분이 그의 괄호를 판단하신다.

마라 ('고통', '쓰다')

마라!
제발 그리 마라!
쓰디쓴 마라!
너무 쓴 물이니 마시지 마라!
왜 마시고 아파 누웠느냐?
마라는 쓰디쓴 고통이다.

너의 마라는 나의 마라가 되어 아프다.
더는 아프지 마라.
견딜 수 있을 거기까지만,
그리고 포기하지 마라.
누구도 원망하지 마라.
이 애비의 잘못이 너를 아프게 했구나.
사막은 우리에게 너무 덥고 추운 곳이었지.
마실 물이라고는 쓴 물 밖에…
그래도 마시지 마라!
눈앞에 보이는 오아시스!
조급해 하지 마라!
달디단 물이 어딘가에 예비 되어 있겠지.

살아온 삶은 사라지지 않는다.

내 키만큼,
내가 누울 만큼
땅을 파고 거기에 서면
허락도 없이 얌전히 누워버리는 고단한 그림자.
아무 의식도 치르지 않고 그림자를 묻는다.

이제 나는 자유로워진 것일까?
나의 실체가 아니었던 것들과의 헤어짐.
나를 어루만지고 감싸고 품어 주었던 것과
나와 한통속으로 생명의 환희와 충만으로
교류하고 교감했던 것과 헤어졌다.

또 다른 나를 묻었던 그곳에는
여전히 존재의 뿌리들이
서로 얽히고 화합하는
날것으로 살며 분주하겠지.

외로움

몽골은 한국을 '무지개가 뜨는 나라', '솔롱고스'로 부른다.
'유토피아'와 비슷한 뜻으로 모든 지명은 거의 환상적이다.
'무지 개가 많은 나라'일 뿐, '무지개 환상'이 있을 리 없다.

"그런 곳은 없다."
유토피아(Utopia)는 우(ου′, 'not')와
토포스(τόπος, 'place')의 합성어.
결국 인생은 '사라짐'이라는 본질로 돌아간다.
'사라짐'을 향해 '살아진'다.
부모와 자식의 살붙이로, 피붙이로 '살아지'다가 이제,
주님과 함께 영속의 시간에서 '살아지'는 은혜에 이르렀다.

불행이 '사라진'다고 행복이 대신 오지 않는다.
또한 행복이 '사라진'다고 완전 불행스러운 것만도 아니다.
불행과 행복은 전혀 별개인 것처럼 보인다.

끝내 기적은 없이 투병과 죽음이 선형적으로 진행되었다.
'부재', '있지 않음의 있음',
그래서 '사라짐'은 고통이다.

고독은 고통보다 더 아프다.
외로움이 통증을 느낄 때
나는 모든 순간을 복기한다.

'살아남은 자의 슬픔'은 '고통' 그것으로만 산다.
인간은 부재의 고통으로 '오래' 아파하고,
'부재'는 스스로 외로움으로 '서서'
몸에서 떠난 낯선 목소리로 말한다.

가을에 이삿짐 하나 트럭에 실었다.
멋 내던 구두와 옷, 열심히 살았던 작업화와 작업복이
낙엽처럼 아스팔트에 뒹굴고 있었다.

닳아빠진 달은 밤하늘 한쪽 구석에서 졸고 있었나 보다.
달이 묻는다.
"오늘 이른 새벽에 무슨 일이 있었나요?"

엽서 한 장만한 쪽지를 붙여 놓았다.
네가 없는 너의 방문에…

내일에게 묻다

너에게 내일은 어떤 날이었니?
오랜 시간 천장만 올려다보던 내일은
기다려지는 시간이었을까?
기다려도 오지 않던 미래는 늘 불공평한 시간.
아니면, 없는 미래는 아니었는지?
나는 더디 오는 미래를 조급하게 기다렸다.
시간의 '벽' 앞에서 자주 좌절하기도 했다.
어디에 있는지? 여기가 어딘지?
지금 나는 살아 있는지? 미래는 있는지?

시간은 네가 이룬 모든 것을
힘들이지 않고 모두 빼앗아버렸다.
질긴 가죽도 아닌 빈껍데기로 남은 채,
아, 이 혼란스러운 곳, 헤테로토피아(Heterotopia)!
낯익기도 낯설기도 한 곳.
우리가 기다리고 기대했던
너의 내일은 오지 않았다.
오지 않을 미래였다.
한 번도 내일이 되지 못한
하루하루를 살았던 거다.

풍천 장어

담수어로 살다 해수어로 넘어가는 귀순의 장어.
해수어로 살다 담수어가 되는 배신의 장어.
경계를 지나 체질을 바꿔야만 사는 갱신어.

소금기를 뺐다 다시 받아들이는 통과의 과정.
온몸을 휘저어 자기를 찾는 판토마임.

이 짓에 지쳐
이제 물과 하늘의 경계를 넘고
장어 꼬리는 날개가 되어
길고 긴 자유로운 영혼이 된다.

날카로운 이빨로
자기 몸뚱어리를 베어 물었던
아픈 시간이 지나갔다.

이제는
하루를 천년 같이
또 풍천의 삶을 살아가야 한다.

슬픈 소통

숲속의 나무들이 그림자를 길게 내민다.
어둑어둑해진 어둠이 여기저기서 술렁인다.

연주자는 건반을 눌러 연주하지 않는다.
누르지 않은 건반이 연주하게 배려한다.
말할 자유를 빼앗기고,
언설로 담지 못할 언어가 코와 눈으로 쏟아진다.
세상엔 입 없는 것들이 얼마나 많은가?
해석할 수 없는 침묵과 무표정이 너의 소통 방법이었다.
너를 아는 자들의 고통이 또 다른 고통을 들여다본다.
우리는 무슨 말을 많이 했을까?
너는 듣기만 했고, 나는 들으려 했다.
'무엇을 말할 것인가?' 보다
'무엇을 말하지 말 것인가?'를 고민했다.

너의 의지는 눈에 있어 보였다.
듣기 싫은 말에 눈을 감고 자는 척도 했다.
음악 같은 비가 오는 날,
그림 같은 눈이 내리는 날,

네 가슴에서 흐르는 눈물을 훔쳐보았다.
내게도 흐르고 있음을…
나는 숨겼다.
'알리바이'

본다는 것은 위험한 노동.
끝없이 슬프게 되는 곳까지 보고 또 들여다보는 관찰.
한 고통이 다른 고통을 들여다보고,
세상의 아름다움과 광막한 세상의 슬픔을
동시에 꿰뚫어 보지만 본다는 것은
비판과 욕심을 모두 수용해야 하는 것이다.

두 눈 속에 담긴 눈물이 슬픔을 씻어내고
아무 일도 없는 듯 태연하다.
슬픔은 극복하지만, 눈물은 이기지 못한다.
피처럼 눈물은 온몸을 돌아
심장에서 다시 데워지다가 돌아갈 곳을 잃는다.

산다는 것은 눈물이 돌아갈 곳을 찾는 것이다.
사랑이 아니면 설명할 수 없는 것.

잊어서는 안 된다

가면의 이목구비처럼 너의 표정은 늘 굳어있다.
불변의 가면을 쓰고 누운 채 모두를 맞이한다.

'밖'과 '안'을 차단하는 유리창이 차갑다.
유리창 '밖' 거리의 불빛은 가망 없는 생명처럼
그 밝은 불빛에도 세상은 '블랙 아웃', '산 자들의 무덤'.

이곳 '안'의 외롭지 않은 소망에는 두려움이 없다.
그래서 기온 차이는 여전히 심하다.
'안'과 '밖'은 스스로 나누지 않는다.
'안'과 '밖'은 태생적 같은 공간의 하나의 숨.
'안'과 '밖'은 서로를 늘 그리워한다.

'나'에게서 떨어져 나간 '내'가 처한 경계.
'나'는 '그'로 분열되었다가 다시 '나'로 변신한다.

아무도 울지 않는 나만의 서러운 시간에
내가 너를 그리워하는 '것'보다
내가 그리워하는 '너'를 더 생각한다.

망각의 강을 건너지 않으려
기억의 새 출발점에 선다.
사실 너를 생각할수록
기억은 나의 가장 약한 곳을 파고드는 '아말렉'이다.

망각은 차분하게 평안을 제안한다.
잊혀지는 것은 사라지는 것보다 훨씬 더 아프다.
그래서 기억하고, 그리워하고, 사랑해야 한다.
너를 그리워하지 못하면 사랑이 아니듯이…

나무와 꽃으로 꽉 찬 여름 숲속을 한참 지나면
울창한 추억들이 서로를 반긴다.
사랑과 그리움만으로 걸어 도달할
기억의 행방이 보인다.

올봄 다시 찾아왔던 슬픈 거위들은
먼 길을 날아와
네가 없음을 아는지
종으로 날며 꿱…꿱…

스티그마

이 물렁물렁한 육체는 진흙(Adam)을 빼닮았다.
물컹거리는 고깃덩어리와 한 줌 진흙 덩어리.

진흙으로 갓 빚어낸 몸은 고정되지 않아
손발은 비틀거리고 눈은 바닥을 보며 누군가를 찾는다.
머리는 세상의 불의와 불안감에 눌린 중력으로 삐딱하다.
질척거리며 살아온 삶이 통제력을 잃으면서
몸에는 고통이 남긴 상흔들로 선명하다.

삶의 이유와 죽음의 충동이 같은 질량으로 배를 채우면
잘 간수해야 할 것들이 갈라져 이미 주검의 일부가 된다.
상흔, 스티그마, 낙인찍힘.
'이젠 살 수 없음', '생의 끝'이라는 낙인.
이 낙인은
삶이 얼마나 고독하고 개별적인지에 대한 확인이다.

낯선 존재로 이 땅에 부재의 흔적만 남기고 떠날 때,
장엄한 '레퀴엠'이 하늘에서 울렸다.
어느새 모든 감각과 느낌이 경직된 채로
모두에게 부동의 모습으로 웃어주었다.

거울, 주마등

죽음만이 삶의 모든 흔적을 되비추는 거울이다.
죽음 앞에 서보지 않는다면
삶에 대해 무슨 말을 할 수 있을까?

불현듯 떠오르는 거울 속 그림자.
오른손을 내밀자 즉시 똑같이 왼손을 뻗는
거울 속 왜곡.
늘 맞잡지 못하는 어색함.
거울은 거짓이 아닌 거짓.

스스로에게 묻는다.
"아프니?"
"뭐가 그리?"
"이 아픔이 얼마나 갈 거 같은데?"

종결된 인생의 뒤안길로 주마등이 지나친다.
주마등조차 의식을 잃어버리면
스스로 삶의 보자기를 매듭짓지 못하고
기껏 애도나 기억으로만 의미화될 죽음 따위.

실종

네가 돌아오지 않아 '실종신고'를 했다.
이 '돌아오지 않'는 현실을 감수하더라도
'실종' '사라짐'이 돌이킬 수 없는
마지막 기회일까? 그럴까?
너의 주위에 있던, 너를 좋아했던 모든 것은
이제 너의 영역 안에 없다.
너의 주변 어디에도
서성거리지 않는다.

슬픔은 너를 중심으로 집중되다가
이미 자기 자리로 다시 돌아가 고요하다.
피보다 진한 눈물은 상실의 아픔 앞에서 말라버린다.
나의 더운 피가 식어간다.
상실의 여운은 죽을 만큼 길텐데…
'돌아오지 못한 순간' 이미 시간은 정지되었다.
시간은 존재 내에서만 포착되기에
언젠가 정차한 역을 다시 출발할 때
너의 목적지를 알리는 안내방송으로
내 기억도 도달할 곳을 알려주겠지.

그리움 2

비밀 하나도 없다는 것이 재산 없는 것보다도
더 가난하외다 그려! 나를 좀 보시지요.　　　이상(李箱)의 '실화'(失花)

소통의 문이 열릴 수 있다면
어딘지 모를 멀고 먼 아득함이든,
바로 눈앞에 버티고 있는 벽이든,
전혀 문제 될 것 없다.
슬픔과 슬픔, 좌절과 좌절,
외로움과 외로움 사이에
다리를 놓아 오갈 수 있다면
나의 외로움이 타인의 외로움과 섞이기를 원치 않는
이 멀고도 먼 모순 또한 나를 달래야 할 일이다.

세월은 우리의 많은 사연들을
끊임없이 마모시키고 사라지게 하겠지만,
그리움은 끝없는 기다림으로
속정 깊은 기억들을 귀환시킬 것이다.
탕자의 아버지는 아들을 그리워한다.
그 기다림이 아들을 돌아오게 했다.

너무 아픈 기억 하나

인생은 영화 같다는데
오늘은 너에 대한 기억의 한 컷이
우주만큼 확대되어 보였다.
갑자기 떠오른
떠나기 전에 너무도 생생했던 모습 한 컷이
날카로운 유리 파편이 되어
나를 찔렀다.

이 고통이 슬픔으로
그러다 고독으로…
'내가 널 이렇게 아프게 했다'는
가해자의 죄책감 때문이다.

네가 당한 고통이
나뭇잎 하나 숲을 푸르게 하지 못한
죄책감 정도이겠는가?
'디아스포라'(Diaspora)의 파편들이
언제까지 나를 찌르며 애를 태울까?

파테이 마토스 (πάθει μάθος)

'고통 없이는 그 무엇도 배울 수 없다'
'파테이 마토스'(πάθει μάθος, learning in suffering)
'고통을 통해 배우'지 않으면
그 어떤 고통도 함께 느낄 수 없다.

심장은 제 몸을 위해서만 뛴다.
다른 이의 슬픔을 위해 멈추거나 애도하지 않는다.
'위로'는 따뜻한 심성에서 나오지 않는다.
거창하게 '인류애'까지 들먹이지 않아도
슬픔을 이해하려는, 그것도 정확히 이해하려는
마음 없이는 위로할 수 없다.

삶의 전부를 파괴할 수도 있는 '트라우마'는
'뚫다'(to pierce)에서 온 단어라는데…

이 '트라우마'는 겹겹의 방어기제를 뚫어버린다.
나의 아픔이 누군가에게 불편한 것이라면
이는 얼마나 잔인한가?
인간은 이렇게 잔인하다.

부활

늘 깨어 있는 사람은
자기가 '깨어 있다'는 것을
의식하지 못한다.
'깨어 있음'은
잠을 자는 사람만이
알 수 있는 자각이다.

'항상 깨어 있으면
진정으로 깨어날 수 없다.'
자야만 깨어날 수 있다.
예수께서
'죽음은 자는 것'이라고…
그래야 '깰 수 있'다.
부활은
'죽음의 잠'을
'깨우는 것'이다.

세월의 진실

 먼지처럼 쌓여있는 시간의 두께.
너의 흔적은 퇴적이 되어 곳곳에 엎드려있다.
나의 출생과 함께 시작된 너의 최초는
늘 은밀하게 나와 눈빛을 교환하며 일생을 함께 했다.

왜곡된 과거는 뒤틀린 채
켜켜이 지층으로 차곡차곡 세월을 얹었다.
'참 너'를 찾기 위해
무뎌진 마음의 두꺼운 각질을 벗겨내고
먼지 같이 세밀한 조각 하나까지 찾아내어
거짓되고 사멸된 기억들을 구출해 내겠다.

과거와 현재, 생성과 소멸, 삶과 죽음의 경계가 사라지고
비로소 너를 내 마음에 새겨 넣는다.
셀 폰의 짧은 진동에 남겨놓은 너의 메시지를 들으며
하얀 점 같은 터널 출구를 향해 과속으로 질주하였다.
이 무시무시한 고통을 이겨낼 수 있는 것은
고통을 이겨낼 수 있다는 믿음이 있기 때문이다.

서둘러 떠나다

너는 왜 급히 서둘러 떠나갔을까?
너의 마지막이 웃음이었을지,
눈물이었을지 모를 궁금한 이별이었다.

너 혼자 짐처럼 끌고 다니다
눈사람처럼 커져 버린 육체와 먼저 이별했겠지.
너는 곧 두고 갈 것들만 채근하며 아쉬웠느냐?

이제 뜨겁던 열기가 식고
눈치나 보던 이른 저녁이
미리 어둠을 불러내어 석양을 덮어간다.

사람들은 떠나갈 오늘과 작별하며
무언가 아쉬운 슬픔과도 눈물로 포옹한다.
그래서 밤은 외롭다.
어둠은 모두가 숨고 싶은 곳이 되고
혼자서도 여럿과 소통할 수 있는
사연이 되고 누군가의 노래가 된다.

사랑이 떠난 자리

'사랑은 뺏기거나 차지하거나 결국 모두의 것'이다.
사랑이 떠나간 빈자리조차도
한 번도 비어 있었던 적이 없다.
나만 아픈 것이 아니다.
이는 '너'의 아픔이자 '우리 모두'의 아픔이다.

아무도 울지 않는 곳,
세상은 무섭고 냉정하다.
뭔가 알 수 없는 확신과 같은 절망이
세상에 계속 살아남아 '서로의 마음을 다치게' 한다.
그래도 우리들은 서로의 아픔을 감싸주고
그 아픔을 통해 서로를 이해해야 한다.
다시 사랑이 시작되어야 한다.

삶은 죽음에 직면한 인간의 대응방식이다.
사랑도 절망에 직면한 인간의 대응방식이다.
살아가면서 사랑해야 할 이유는
외로움에 흔들리지 않기 위함이다.
누군가의 지치고 무거운 발자국 소리가 다가올 때
비로소 우리도 걷게 될 것이다.

죽음을 넘어서서

사랑하는 사람과의 어떤 이별은 아름다울 수 있다.
다시 만날 수도 있다는 선택의 여지 때문에…
사랑하는 사람과 다시 만날 수 없는 이별은
남겨진 사람들의 모든 희망을 빼앗는다.
그들은 이러한 변화를 무선택적으로 받아들여야 하는
또 한 번 낙오자가 된다.

너와 대체할 수 있는 건 이 세상 어디에도 없다.
이 상실의 무게를 품고, 안고,
그리고 이고 지고 가면서
더 오래 그리워할 것이다.
조용히 잊혀 지도록 내버려두지 않을 것이다.

'사라진 것'을 '있게' 만드는 기억의 기술로,
들리지 않는 소리, 보이지 않는 얼굴,
다시는 부를 수 없는 너의 이름을
매일 일기에 외우듯 써가며 잊지 않을 것이다.

원폭으로 인해 완전히 폐허가 된 죽음의 도시
히로시마 그라운드 제로(Ground Zero)에 나타난
첫 생명체는 놀랍게도 송이버섯이었다고 한다.
송이는 인간의 벌목으로 불타버린
숲에서도 자란다고 한다.
사망이 드리운 땅에
생명이 자랄 수 있다는 것이 놀랍지 않은가?

척박한 토양을 분해해서 소나무에 영양을 공급해 줄 때
이 상실의 자리에 강인한 생명이 자랐다.
희망이 자란 것이다.

나의 상실의 자리는 폐허가 되어버린 숲이었다.
그러나 나도 알지 못하는 시간의 사이사이에
위로와 긍휼과 같은 영양분이
하늘로부터 쉼 없이 내려왔다.
죽음의 땅에 찾아온 에스겔의 부활이다.

울게 하소서! (헨델의 '리날도' 중에서)

유별을 떨며 지금 아프다고, 힘들다고 소리쳐도
흉이 되지 않는 곳에 가고 싶다.
상실, 부재, 죽음의 애도로부터
빠른 일상으로 복귀하라고 한다.
이 거대한 나의 상실의 빈자리에 애도를 놔두고
상실 이전의 모습으로 살아간다는 것이
얼마나 허망한 노력인지를 이해받지 못한다.
'언제까지 그러고 있을 거'냐고
'빨리 정리'하라고
기억장치의 재생이 거부된 채
나는 '어제도, 오늘도 무사히!' '날마다 무사히!'

굳이 '인간일 필요'도, '인간이 아닐 필요'도 없는
이런 세상을 만들면서 어이없게 서로에게 기댄다.
'심장이 멎다'와 '엔진이 꺼지다'가 같다는
비인간들의 죽음의 찬가!

'나를 울게 내버려다오!'
웬 오지랖들이 이리도 많은지…

비밀과 누설

그런 밤이 있었다.
아무에게라도
내 마음을 다 내보이고
속이라도 후련하게
아무에게라도 기대고 싶은 밤.

나를 조롱하고, 오해하고, 심지어 비난할 수도 있는
그래서 나를 실망하게 하고
나에게 상처를 입힐 수 있는 사람일지라도
내 속에 묻어둔
모든 걸 말하고 싶은 밤.

그런 밤이 있다.

내 눈앞에 있는,
그 존재가 누구든
피조물 아무에게
모두 말하고 싶은 밤이 있다.

것, 것, 것

너의 부재를 느끼고 있다는 것은
네가 그립다는 것이다.

네가 그립다는 것은
너와 나눈 대화가 다시 듣고 싶다는 것이다.

네게서 무엇이라도 다시 듣고 싶은 것은
너의 얼굴을 마주하며 보고 싶다는 것이다.

너를 마주하고 싶은 것은
오늘의 현실을 피하고 싶지 않은 것이다.

너에게 일어난 오늘의 부재를 인정하는 것은
이 어쩔 수 없는 현실이 사실이라는 것이다.

이 사실이 잔혹한 '없음'임을 아는 것은
다시 찾아야 할 '있음'이 있다는 것이다.

사랑

사랑을 많이 받고 살던 사람이 있었다.
그는 아무리 버둥거려도 닿지 않는 땅바닥에 누워
죽음과 침묵의 자리를 채웠다.

사랑받던 사람이 사랑하던 이들을 떠난다.
사랑하던 이들이 사랑받던 사람을 보낸다.
살아야 사랑할 수 있는데
이 모순이 답답하다.

가장 세속적이고 천박하든
한 번의 눈빛으로도 사랑이 시가 되어
내가 행한 것들을 사랑이라고 부를 수 있음에…
사랑은 그 무엇으로도 대체할 수 없다.
이 특권적이고 대체 불가한 사랑은
평범하지만 이 세상 모든 것을 품고 대속한다.

아들아,
이런 사랑을 빨리 알 수 있기를 기도했었다.

이제, 지금

너는 어디로 갔을까?
흘러갔을까?
날아 가버렸을까?
숨어 버린 것은 아닐까?

언제부터 내 육체는 이별의 기억들을 그리워했다.
헤어진 것들만 그리워하고
찾아도 찾지 못할 것들을 보려 하고
보려 해도 보이지 않는 것들을 찾으려 했다.

이제 어디를 가도 다시 돌아갈 수 없다.
나를 누가 왜 여기까지 끌고 왔을까?
모든 것을 알 수 없고
차라리 알 수 없는 모든 것이 좋아졌다.
낯설고 불편한 익숙함이 생겼다.
누군가 가끔 내 어깨를 치는 일이 잦아져
기대감으로 뒤돌아보아도
누군가의 뒤통수는 보이지 않는다.
너무 멀리 와버린 오늘,
누군가가 문을 열고 들어오라 한다.

몰락하는 자를 사랑하고, 몰락한 자를 그리워하는
이 어이없는 시간에 시를 쓰고 있다.
나도 이제 시인이 된 걸까?
과거에 대한 환멸과 냉소로
시간의 몰락까지 사랑하려 하면서
오늘의 무의미함을 넘어서려는 이미 지친 싸움들.
아무 소리도 없고, 아무것도 할 수 없는 지금,
너를 만나야 한다.

숨이라도 몰아쉬면 모든 빛이 순식간 흩어질 것 같은
여기는 고요하고 아늑하다.
누구에 의해 이해되거나 소유될 수 없는
가볍지 않은 죽은 자만의 공간이다.
네가 두려워했던 것이 육체의 마지막 고통은 아니었겠지.
죽음을 마주할 두려운 담대함도 아니었겠지.
죽음 앞에 무기력한 너 자신이었겠지.

죽음이 자기에게 가까이 온 줄 모르는 영화 속 조연은
순진한 눈과 확신에 찬 표정으로 희망을 힘주어 말한다.
영화에서 그런 사람은 반드시 죽는다.
이 '사망 플래그'를 가졌던 나도 이미 죽었다.
방관자처럼 넋을 놓고
너를 바라보고 있는 나는 이제 없다.

시를 쓰는 이유

시간은 우리를 조금씩 죽음으로 떠민다.
죽음 직전까지 가져갈 비밀 하나쯤은 있다.
끝까지 지켜야만 할 이야기와
누군가에게 폭로하고픈 충동이 충돌한다.
이것은 마치 거울 앞에 서서 들키고 싶지 않은
두려운 마음 때문에 거울을 깨뜨리고, 결국은
깨진 거울 조각들을 맞추며 자신을 마주하는 것과 같다.
감추려 하는 내 마음을 아는지
거울이 나를 물끄러미 쳐다본다.
나는 거울 너머 세계를 동경하기 시작했다.

거울은 '비밀'이라는 두 개의 상반된 욕망의 방을 가졌다.
아들의 죽음을 '가슴에 묻고 살지, 아니면'을 고민했다.
'울음'이 '그리움'으로 바뀌면서 '아니면'을 선택했다.

아들을 만나는 비밀의 통로에
'돌이킬 수 없음'의 그 '없음'이
내 숨통을 조여도
이제 죽음이 낯설지가 않다.

삶은 늘 떠날 준비를 한다

죽음은 삶의 필연적 요소이다.
삶은 지구의 모든 기억들을 함께 하며 의미화한다.
죽은 자는 자기 스스로 죽음을 묘사하지도
의미를 부여하지도 않는다.
그를 애도하며 추억하는 자들에 의해 의미화될 뿐.

시시콜콜하고 자질구레한 이야기들만
소환되는 시시한 기억일지라도
정확히 알고 친밀했었기에 더 그립다.
동시대를 함께 했던 담론들이
언제까지 마음 안에 의무감으로 남을지?
"너는 멀리 떠나갔지만 왜 나는 변한 것이 없을까?"
멀리 떠남은 삶의 과정일까?
아니다.
돌아 올 수 없는 완벽한 '마침'이다.

'멀리 떠난 너'에게는 어떤 변화도 일어나지 않을 것이고
'변한 것이 없는 나'는 어떤 변화도 거부할 것이다.

너의 목소리가 들린다

기억하지 않으려 수없이 허비한 시간들.
되돌릴 수 없는 줄 알면서도
가슴을 모조리 비워주던 네가 아니었나?

네가 오는 소리 들릴까?
바닥에 희망의 귀를 대고 자는 습관이 생겼다.
누구에게도 들어가지 못한 소식들,
질주하는 말발굽 소리, 속삭이는 입.
조용히 침묵으로 걷는 쥐들.
방해꾼 거친 빗줄기.

수평으로 누운 네가 들려줄 이야기를 기다리며
흩어지는 소리를 둥글게 뭉쳐 공깃돌처럼 굴린다.
탄식, 후회, 통곡, 웃음이 어울리고 있을 때
몇 개의 계절이 네 몸을 지나갔을까?

슬퍼했다, 그리워했다, 지웠다, 썼다.
감정처럼 가벼운 것이 있을까?
구름이 되었다가 우주가 되어
저녁이면 별똥 하나가 매일 떨어진다.

사막이 된 사랑
사랑이 될 사막
무얼 타고 가야 할지
낙타의 행방을 찾는다.
그러나 낙타는 어디로 가야 하는지 모른다.

모래들의 소문이 휙휙 들려온다.
탄가루가 내일 온종일 날릴 거라고…
사막의 오염을 걱정하며
낙타의 눈에 검은 눈물이 흐른다.
그 정도로는 사막을 살리지 못한다.

비가 내리고 사막이 숲이 되자
잎사귀 닮은 물고기가 놀고
물고기의 팔딱거림으로 이파리가 떨어진다.

낙엽을 밟으며 걸어온 발에
낙엽 밟던 소리가 따라와서
부스럭 부스럭.

다윗(사랑받는 자)과 압살롬(평화의 아버지)

다윗은 아들 압살롬의 반역으로
급하게 다윗성을 떠나 피신한다.
압살롬의 군대와 다윗의 군대가 전쟁을 할 때
압살롬은 다윗의 부하 요압에 의해 죽는다.
어느 날 다윗이 아들의 전사 소식을 듣자
홀로 위층으로 올라가며 통곡했다.

'압살롬'의 이름은 '평화(샬롬)의 아버지(아브)'이다.
압살롬의 반역이 평화적으로 해결되기를
아버지 다윗은 바라고 바랐을 것이다.
그러나 아들은 죽었고,
반란은 실패로 끝났다.

아비 다윗은 아들 압살롬의 죽음을
자기가 대신 죽어야 할 죽음이었다고 절규한다.
그래서 하나님 아버지는 우리 대신 죽으셨다.
하나님의 통곡이 마음 한가운데로 전해졌다.

아비의 마음은 다 같을 것이다.
이상(李箱)은 '오감도'(烏瞰圖)에서
"나는 왜 드디어 나와 나의 아버지와 나의 아버지의 아버지와
나의 아버지의 아버지의 아버지 노릇을
한꺼번에 하면서살아야 하는 것이냐"고 했다.

자기 닮은 자식을 기르는 것만이
아비의 일은 아닐 것이다.
생명의 환치(換置)가 가능한 관계여야 한다.
다윗이 진정한 아비가 되기 전
세상은 '싸워야 하는 곳'이었지만,
그가 아비의 세계에 눈을 뜨면서
세상은 '싸워서는 안 되는 곳'이 되었다.
그렇다.
진정한 압살롬(평화의 아버지)이 되어야 한다.

"내 아들 압살롬아, 내 아들, 내 아들, 압살롬아,
내가 너를 대신해서 죽었더라면 좋았을걸!
압살롬, 내 아들아! 내 아들아!" (삼하 18:33)

떠나지 못해 머무는 곳

첫닭처럼 깨어난 새벽.
첫닭이 첫울음을 알리자
새벽이 곤하게 절뚝이며 다가온다.

찬 바람이 부는 아침이면
철새들은 떠날 준비를 서두른다.
놓고 가는 건 없는지…
이 매몰차고 잔인한 짐승들아!

아침이 투명하게 가라앉으면
찬바람에 참나무의 가지들은 흔들려도
참나무 그림자의 정적은 늘 고요하다.

갈 수 없는 그곳,
다 떠나가면 누가 남아 이 땅을 지킬 건가?

눈물은 자기가 가야 할 곳을 안다.
쉬운 길을 선택하지 않는다.
그래서 그 길은 늘 힘들다.

후기

아들아!…
너와 나 사이에는
신이 한 분 살고 계시나보다.

왜 나는 너를 부를 때마다
이토록 간절해지는 것이며
네 뒷모습에 대고
언제나 기도를 하는 것일까?

'아들에게' (문정희)

다시 그리움

발행 2025년 12월 08일 초판 1쇄

지은이 박피득
그림   이빛나
펴낸곳 북리더(주)
펴낸이 유인철
주소   경기도 하남시 서하남로 47번길 254-24
전자우편 incheor@gmail.com
출판등록 2024-000044(2024년 9월 9일)

ISBN 979-11-995964-0-5 (03810)

· 책 값은 뒤 표지에 있습니다.
· 이 책의 어느 부분도 저작권자나 발행인의 승인 없이 무단 복제하여 이용할 수 없습니다.